让孩子着迷的第一堂自然课
动物语言
DONGWU YUYAN

童心 编著

化学工业出版社
·北京·

图书在版编目（CIP）数据

让孩子着迷的第一堂自然课．动物语言 / 童心编著．—北京：化学工业出版社，2019.3（2022.8重印）
　　ISBN 978-7-122-33727-6

Ⅰ．①让… Ⅱ．①童… Ⅲ．①科学知识－青少年读物 ②动物－青少年读物 Ⅳ．① Z228.2 ② Q95-49

中国版本图书馆CIP数据核字（2019）第032303号

责任编辑：王思慧　谢　娣

责任校对：王　静　　　　　　　　　　　　　装帧设计：尹琳琳

出版发行：化学工业出版社（北京市东城区青年湖南街13号　邮政编码100011）
印　　装：天津画中画印刷有限公司
787mm×1092mm　1/12　印张4　字数58千字　2022年8月北京第1版第2次印刷

购书咨询：010-64518888　　　　　　　　　售后服务：010-64518899
网　　址：http://www.cip.com.cn
凡购买本书，如有缺损质量问题，本社销售中心负责调换。

定　价：22.80元　　　　　　　　　　　　　　　　　　　　　　版权所有　违者必究

Contents 目录

- 01 尽职尽责的哨兵
- 02 小心，有危险！
- 04 比比谁有魅力
- 06 美妙的歌声
- 08 雄性之间
- 10 共同负担
- 12 对孩子的教育
- 14 私人领地，请勿靠近
- 16 其他警告方式
- 18 制造假象
- 20 合作共赢
- 22 表达情绪
- 24 看看我的反应
- 26 共同生活
- 28 小心！我有毒
- 30 顺从与示好
- 32 享受相聚时刻
- 34 照顾和看护
- 36 我是向导
- 38 识别宝宝
- 40 向同伴报警
- 42 特殊的信号

瞪羚行动敏捷,四肢矫健,奔跑速度非常快。遇到捕食者攻击时,瞪羚会迅速逃跑,最快时速可达90千米。

尽职尽责的哨兵

自然界中危机四伏，任何动物在任何时候都有被攻击的可能。所以，在觅食、饮水和休息的时候，动物们都会安排哨兵巡逻放哨，以保证能及早发现危险并快速逃跑。

瞪羚生活在辽阔的非洲热带草原上，它们身上披着黄色的皮毛，在身体两侧分别还有一条黑色的条纹。瞪羚的眼睛向外鼓着，瞪得很大很大，它们也因此得名。这种羚羊是非洲草原上的捕食者们最喜欢的猎物。瞪羚喜欢结成小群生活。对于食草动物来讲，群居是最好的方式，因为这样才能有更多的活命机会。一只瞪羚一边吃草一边警惕地观察着周围，看远处是否有猎食者偷偷靠近。它是这个群体中的哨兵。一只猎豹正偷偷地向瞪羚群靠近，哨兵意识到这个家伙会给它的群体带来灾难，于是，它使用肢体动作边跑边腾跃，同时发出叫声来通知其他成员。

草原犬鼠

草原犬鼠是一种啮齿动物。当它在外面活动或觅食的时候，它们中的一些成员会充当哨兵，观察周围是否有鹰、胡狼等猎食者。如果有猎食者出现，哨兵会发出吠叫通知其他成员，然后大家快速地钻进离自己最近的洞穴里。

妈妈的爱

细尾獴就是我们通常说的猫鼬。当细尾獴妈妈带着孩子在洞穴外面玩耍时，它会格外地小心，直立起身体四下张望，以防不测。其他的细尾獴成员也是哨兵。当哨兵看见猛禽或其他食肉动物时就会尖叫着发出警报。

爸爸发出警报

长脚雉鸻（héng）宝宝是由爸爸孵化出来的。小雉鸻出生后，雉鸻爸爸一直守护在它们的身边，这时，雉鸻爸爸就变成了哨兵。当有危险时，雉鸻爸爸发出警报，小雉鸻们聚在一起，由雉鸻爸爸卷到翅膀下，然后大步逃离。

安心地睡眠

海鬣蜥（lièxī）从冰冷的海水中觅食归来。它们需要恢复体力，也需要利用阳光的热量使身体变暖。于是，它们聚集在裸露的岩石上休息。在睡觉时，部分海鬣蜥会负责放哨的任务。如果有老鹰飞过，哨兵就会叫醒熟睡的同伴。

01

小心，有危险！

在南美洲亚马孙这片广袤的热带雨林中，猴子们都生活在高大的树上，这使它们更容易避开很多捕食者。一群蜘蛛猴正在树间玩耍，有的蹿上蹿下，有的用尾巴缠住树干采摘野果，有的正在打斗嬉戏。其中一只蜘蛛猴突然发出了像狗一样的吼叫，所有成员一下子变得紧张起来，并快速地向更高的地方爬去。这只蜘蛛猴发现了热带雨林中最凶猛的捕食者——美洲豹，它用这种吼叫声告诉其他伙伴："小心，有危险！"接下来，所有蜘蛛猴都吼叫起来，声音传出很远很远，其他动物也得到了危险来临的信息，纷纷躲藏到安全的地方。

自然界中很多动物会向同伴及其他动物发出危险来临的警报。比如，生活在非洲的鸵鸟会和斑马、羚羊之间互相提醒；犀牛鸟会通知犀牛有危险；狒狒看到猎食者时会发出逃跑信号。

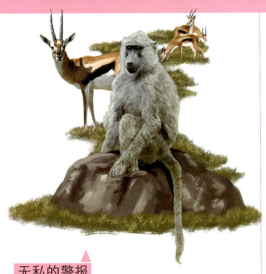

▼ 无私的警报

狒狒在多岩石的坡地上活动。羚羊群聚集在狒狒领地的周围，目的是能够通过狒狒的提示逃避敌人。狮子或豹正偷偷地靠近羚羊群，尽管这和狒狒毫无关系，但狒狒还是感到有威胁。于是，它们边拍地边吼叫，像是在喊："滚远点，可恶的猎食者！"羚羊能读懂狒狒的意思，赶紧借机逃跑。

▼ 互帮互助

鸵鸟、斑马和羚羊经常杂居在一起，通过相互提醒来逃避敌人。鸵鸟身材高大，尤其脖子很长，所以它能看到很远的地方。鸵鸟的眼睛很大，视野宽阔，能清晰地看到敌人的动作。当受到威胁的时候，鸵鸟会发出"咯咯"的叫声，斑马和羚羊接到警报后会迅速做出反应。

◀ 犀牛和犀牛鸟

犀牛鸟在犀牛的身上跳来跳去，寻找美味的寄生虫吃。但是，犀牛鸟并不是在免费享用美餐，它需要打一份工才行。犀牛鸟需给犀牛充当哨兵。犀牛的视觉不是很好，尤其在吃草时更是无法看清周围。犀牛鸟能及早发现危险，然后通过叫声和惊飞的动作提醒犀牛。

蜘蛛猴自卫反击的能力很弱,有危险时,它们投掷树枝、烂果子和粪便驱赶入侵者。

比比谁有魅力

文明竞争

雄性突眼蝇之间在争夺配偶的竞争中会显得文明许多。两只雄性突眼蝇相遇了,它们两头相对,通过比量两眼间距来决定交配权。答案是肯定的,眼间距长的一方获胜。

雄性动物为了获得与更多雌性交配的机会,它们会不断提升自身的魅力,从气势上压倒众多竞争者。动物和人类一样,喜欢展示强壮的体魄和漂亮的外表来吸引异性。短吻鳄的求偶现场充满浓浓的火药味,所有雄性都用身体的振动制造水泡和水下噪声,一方面用来吸引雌性注意,一方面用来警告竞争者。短吻鳄用激起水流的咕隆声进行交谈,至于谈些什么我们不得而知。一条雌性短吻鳄被一条雄性短吻鳄的表演吸引了,因为它在很远的地方就听到了这条雄性短吻鳄制造的咕隆声,并看到了跳出水面的水泡。因此,它觉得这条雄性短吻鳄很有魅力,是它想要的伴侣。

有吸引力的外表

在所有雌狮的眼中,雄狮的外表很重要。只要雄狮的体魄够健壮,脖子上的鬃毛足够长、足够柔顺有光泽,就能获得雌狮的芳心。当然,证明体魄是否强壮主要通过雄狮间的争斗来体现,但这种血腥的场面雌狮不会过分关注,因为这毕竟是"男人"之间的事。

颜色信号

这只雄性军舰鸟已经做好了交配的准备,它鼓起红色的喉囊,向雌性发出明确的信号。这个红色喉囊会让雄性军舰鸟的魅力大增,雌性会被这种魅力深深吸引。

炫耀

中美洲的雄性秀丽伞鸟,黑色羽翼上是鲜艳的孔雀蓝,胸脯呈耀眼的紫红色,在阳光的照耀下绚丽夺目。求偶的过程中,参与竞争的雄性会展示自己的羽毛,越光亮鲜艳就越容易得到雌性青睐。

雄性短吻鳄求偶时制造出的咕隆声能传出1.6千米远,水泡能高出水面0.6米。

美妙的歌声

你会唱歌吗？流行、摇滚、美声、爵士……你会唱哪种呢？其实动物也会唱歌，只是它们的歌声没有丰富的分类罢了。人类通过歌声的节奏快慢变化和音调高低变化来表达情感。动物们的歌声也不是平平淡淡的，也富有变化，有时高亢，有时低沉。

百灵鸟是生活在草原上的一种小型鸣禽，别看它们羽毛灰暗，非常不起眼，但它们却是最会唱歌的鸟类。在绿草如茵的草原上，百灵鸟常常能唱出连音乐家都难以谱成的美妙乐曲，用来吸引异性。

座头鲸是一种温顺的、好奇心很强的鲸，也是动物世界中公认的歌王，它们能发出类似打鼾、怒吼、呻吟和吹口哨的声音。

青蛙喜欢在雨后来一场盛大的合唱表演；蟋蟀喜欢在草丛中用歌声呼唤伴侣；而嘲鸫则更喜欢翻唱各种声音。

懂得抒发爱意

座头鲸群居在一起，随着季节的变化在各大洋间穿梭。在迁徙的过程中，座头鲸用歌声告诉伙伴它的位置。在繁殖期，雄性座头鲸和雌性座头鲸通过歌声抒发爱意。

歌声优美

雄蟋蟀在草丛中唱出优美动听的歌，仿佛在告诉雌蟋蟀："我在这里，快来吧！"雄蟋蟀在阴凉、土质松软的地方挖掘一个洞穴，这将是它和配偶繁育后代的地方。远处的雌蟋蟀能听到雄性的歌声，不过它会选择它认为唱得最好听的那个。

配合默契的合唱

青蛙是一种两栖动物，居住在水塘、湖泊及小溪旁的草丛中。青蛙也是善于鸣唱的动物。平时，青蛙总是你一句我一句地对唱。当大雨过后，它们会变得活跃起来，鸣唱声此起彼伏，不绝于耳。青蛙的合唱并非各自乱唱，而是有一定的规律，有领唱、合唱、齐唱、伴唱等多种形式，互相紧密配合。

善于模仿

如果你见过嘲鸫（dōng）这种鸟，那么你一定会被它出色的模仿表演征服。嘲鸫是最会模仿的鸟类之一，它能将人类发出的声音、发动机发出的声音和其他鸟类的鸣叫声模仿得惟妙惟肖。除了模仿，嘲鸫的鸣叫声也非常动听，用它的音乐天赋弥补了它外貌上的不足。

人们常常听到百灵鸟优美的叫声却看不见它的踪影,这是因为百灵鸟可以飞到很高的地方鸣唱。

雄性之间

雄性动物之间会经常发生争执，有时是因为争夺领地，有时是因为争夺领导地位，有时则是为了争得更多的交配机会，大部分矛盾都是通过斗殴来解决的。一个狮群一般由一只雄狮、十几只雌狮及小狮子组成，而雄狮是唯一的领袖。雄狮通过撕咬打斗击败对手而登上狮群的领导地位，但守住这个位置很困难，很多刚成年的雄狮和流浪汉会向首领发起挑战。面对挑战，首领必须拼尽全力保住自己的位置。它先向对手发出威吓式的警告，在警告无效后，两只雄狮的争斗便在滚滚烟尘中展开。这场争斗无外乎有两种结果，要么年轻的雄狮敌不过老首领而败走，要么老首领被杀死或被赶跑。如果老首领失败了，那么不仅它要开始流浪，还会丢掉所有后宫佳丽以及搭上后代的性命。

量力而行

雄性鹿角虫长着长长的颚，看上去很像一对角。繁殖期，雄性通过力量角逐来决定谁有更多的交配权。搏斗之前，雄性鹿角虫会互相打量，如果觉得对手过于强大，那么力量小的一方会主动放弃。争斗时，雄性鹿角虫会用颚将对手高高举起再扔出去。

示威与打斗

雄狒狒打架是很有趣的，和人类很像。雄狒狒之间有地位高低之分，处于低等级的雄性经常会向上级发起挑衅。它们先是嚎叫争吵，接下来拍打地面向对方示威，如果挑战者不放弃，那么一场混战就开始了。等级低的狒狒会因胜利而提高自己在群内的位置。

惨烈的竞争

大角羊是一种生活在北美西部山区高地上的野生羊类。公羊的头上长着巨大的角。一到繁殖期，公羊们会为得到更多配偶而战斗，它们用角互相顶撞，山谷中回荡着撞击的"砰砰"声。这种战斗很惨烈，很多公羊因被撞下山谷而致死致残。

雄狮长着粗大的尖牙和巨大锋利的爪子,这是争斗的武器。年轻的雄狮一旦获胜,它会残忍地将前任首领的后代全部咬死。

共同负担

有组织有计划

虎鲸会采用团体出击的方式捕猎，它们之间通过从隆额发出的超声波互相联系和沟通，并策划战术，再合力将鱼群集中成一个大球，然后轮流钻入取食。虎鲸不仅能够发射超声波，通过回声寻找鱼群，还能够通过超声波判断鱼群的大小和游动的方向。虎鲸能发出62种含义不同的声音。

同时求爱

漂亮的火烈鸟们非常享受群居生活，它们一起活动，一起进食，甚至一起求偶。每当繁殖期来临的时候，雄火烈鸟们会成百上千只一起穿越湖泊的浅水区。它们的羽毛粉白相间，光彩夺目，很容易吸引雌火烈鸟的注意。雌火烈鸟们会选择符合心意的雄火烈鸟交配，然后在同一时期产卵。

人多力量大，对于动物们来说也是一样的，群体生活虽然免不了摩擦，但是也带来了更多的便利。雨季的非洲草原呈现出一片勃勃生机，非洲角马们就在这里惬意地生活着。但是到了旱季，草原变得枯黄，想要生存下去，角马们就不得不离开这里去寻找新鲜的植物。它们会大批地聚集在一起，成群结队地去寻找食物。角马们每天能行走大约48千米，行进速度是很快的。

角马的交配一般发生在迁徙的途中。当角马群停下来休整的时候，雄角马们就会把雌角马们围到一起，绕着它们奔跑，并与其他竞争的雄性争斗。几天后，休整好的大群体会继续出发寻找食物。迁徙的途中，如果有一只角马发出认识路的信号，其他角马就会自然而然地跟随着它走。因此有经验的老角马一般会成为整个角马群的领导者。

跳舞传递信息

工蜂是整个蜂群的"主心骨"，所有重要的信息都要靠工蜂们收集和传递。它们有一套独特的传递信息的方式——跳舞。当距蜂巢10米以内有蜜源时，工蜂会交替性地跳圆圈舞；当蜜源在10~100米时，工蜂跳的圆圈舞会逐渐地变为"新月舞"；如果蜜源距蜂巢百米以外，工蜂就会跳起"摆尾舞"；如果工蜂直线爬行持续1秒钟，则表示距离蜜源约500米。

团结同行

企鹅是群居性很强的动物，无论是在陆地上还是在海里，它们都会团结在一起。大多数时间里，它们不需要进行言语交流也可以保证自己各种活动的安全。假如有一只企鹅感觉饥饿准备捕食，其他企鹅就会与它一起出发；如果这只企鹅在下海之前发现疑似天敌海豹的身影而离开海边，其他企鹅就会不问理由地同它一起离开。

每当受到攻击的时候，为首的角马会带领群体快速逃跑。此时，年幼的角马紧紧地跟随着成年角马，靠成年角马的保护躲过危险。

对孩子的教育

教育不仅仅发生在人类身上,动物们也需要教育,只不过动物们教育子女的方式大多比较特别,有些在我们看来或许还有些残忍。

猎豹宝宝要到三个月以后才断奶,这时,断奶的猎豹宝宝还需要跟着妈妈一起生活,并从妈妈那里学习捕猎和躲避天敌的技能。大约1岁或1岁半之后,小猎豹终于能开始独立生活了。通常是小雄猎豹先开始独立,小雌猎豹有可能还需要和母亲待在一起。猎豹妈妈对自己子女的教育丝毫不敢懈怠。当捕捉到一只受伤的羚羊或斑马后,猎豹妈妈并不会马上将其咬死给孩子们吃,而是会故意放它逃走,然后敦促一直紧跟在身后的小猎豹们前去追赶。如果小猎豹们表现出懒惰和不情愿,猎豹妈妈就会毫不留情地扑打它们,直到它们明白妈妈的良苦用心。

系统的教育

狐狸妈妈对自己孩子的教育非常具有系统性。它首先会将咬伤的田鼠放在小狐狸身边,让它们各自去咬、去打,并鼓励小狐狸们相互争夺食物,然后要求小狐狸们与负伤的田鼠格斗。最后是实战,狐狸妈妈会带着孩子们到树林和田野中去捕捉田鼠,竭尽全力教育小狐狸们学会独立获得食物的方法。

认真的示范

凶猛的雌狮将猎物扑倒咬伤后,会立即用吼叫声鼓励小狮子们前来撕咬,并会向小狮子们示范如何撕开猎物的肚皮,取食它们的内脏器官。食物是生存的关键,如果小狮子们过不了这一关,它们将无法在以后的日子中安然地生存下去。

严厉的妈妈

刚出生的小动物们大多都会由母亲主动喂食,但是雌羚羊却是很严厉的母亲。刚刚出生的小羚羊在学会自己站立、走路和奔跑之前,羚羊妈妈是不会喂它一口奶的。与生俱来的生存本能让羚羊妈妈认为,如果不这样做,自己的孩子在以后会陷入更大的危险中。

残酷的训练

雌鹰会捕食来喂养刚孵化不久的小鹰。但是,待小鹰们羽翼逐渐丰满后,残酷的训练就开始了。雌鹰先把小鹰们带到高高的悬崖上,然后毫不留情地将它们推下悬崖。小鹰们为了不被摔死,必须挣扎着向妈妈飞去。体格强壮、胆子又比较大的小鹰会在这个过程中生存下来,随母亲去学习其他本领;胆小体弱的小鹰则会掉下悬崖被摔死。

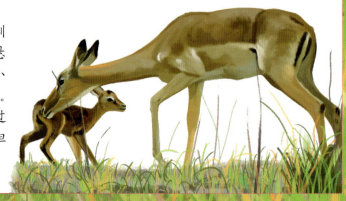

小猎豹们正追赶一只受伤的小羚羊,它们要在这个过程中学会怎样将猎物扑倒,怎样将猎物一击毙命,还要学会怎样守住猎物不被抢走。

私人领地，请勿靠近

短暂的共同生活

成年的雄犀牛多半是独自生活的。它们会通过撒尿以及排便的方式来划分自己的领地，在争夺领地时，会互相用角攻击。但是白犀牛性情温和，同类之间争夺领地通常不会出现致命的身体伤害。雄性白犀牛的领地比雌性白犀牛的领地小，但它们会允许处于次主导地位的雄性和雌性在它们的领地中活动，通常交配的雌雄白犀牛会在一起生活约20天左右。

知更鸟主要生活在欧洲，它们被认为是和平友好的象征。早在很久以前，知更鸟就学会了落到地面上啄食，以度过寒冷的食物匮乏的冬天。当园丁们或者大一点的动物把土壤翻开的时候，静静地站在栅栏上等待的知更鸟就会落下来寻找能果腹的食物。知更鸟像我们人类一样，会对属于自己的东西有很强烈的独占欲。面对入侵它们领地的其他鸟类，知更鸟会表现得十分霸道。每到秋天的时候，知更鸟们会各自占领独立的领地，并且坚决抵抗彼此的侵犯。雄性知更鸟对入侵地盘者有很大的反应，就算没有被挑衅也会作出攻击，它会用翅膀和腿爪奋力攻击对手，并试图将对方压倒在底下，这个过程可能会持续一分钟，也可能一个小时，或者更长时间。

保护伴侣和孩子

丹顶鹤在繁殖期的时候，领地意识非常明显。雌丹顶鹤和雄丹顶鹤轮流孵蛋。当其中一只丹顶鹤休息或者外出觅食的时候，它通常不会走太远。如果这时有其他动物闯入领地，它就会先发出警告，如果对方不肯离开，那么丹顶鹤会拼死和它搏斗，直到将对方驱逐出去。

强弱之分

一般雄性瞪羚的成活率是比较低的。强壮的雄性瞪羚会用面部的腺体分泌化学物质来标记自己的领地，并驱赶进入领地的其他雄性，然后与领地内的雌性交配，它们的领地就是羚羊群的中心。身单力薄的雄瞪羚们则被驱赶到群体的边缘，那里不但没有丰富的食物，而且距离食肉动物更近，奔跑速度又比雌性慢，因此更容易被捕杀。

我是主人

我们习惯性地认为公鸡打鸣是在报晓，而事实上公鸡全天都会打鸣，打鸣是公鸡表明自己领地的一种方式。它们通过打鸣发出信号，表明这块领土已经有主人了。这时如果有其他公鸡靠近的话，公鸡就会发起攻击，将它们赶走。而我们每天早上听到的"晨鸣"则表示："我还在我的领地上，不要企图来我的地盘撒野，否则我就不客气了！"

知更鸟站在自己的地盘上,向上翘起嘴巴,展示它橘红色的胸部来恐吓入侵者。当这些方式不起作用的时候,它就会用它的尖嘴和利爪猛烈地攻击对方,直到对方落荒而逃。

其他警告方式

竖起长长的刺

别看豪猪平时很可爱，但是如果受到威胁时，它的反击可是毫不客气的。它们会将贴在体表的长长的刺竖起来，这些刺会因为肌肉的收缩碰撞在一起"唰唰"作响，同时嘴里发出"噗噗"的叫声，以威吓敌人。如果敌人在这种情况下依然不顾警告地靠近，豪猪就会用屁股对准敌人，倒退着用臀部的长刺与敌人作殊死搏斗。

太阳角蜥的体形非常小，通常只有十几厘米，但是千万不要因为它们小巧的外表就企图欺负它们，它们应对突发危险情况的能力可是相当强的。当遭遇敌人时，太阳角蜥通常会先竖起身上的角，翘起自己的背部，让自己看起来强大不可侵犯；然后它们会翻转自己的身体，露出惨白的肚皮，这种怪异的行为一般会把敌人吓跑。当敌人不顾警告执意要冒犯它们时，它们就会使出自己的绝招——用眼睛喷射鲜血。这个绝招常常要到十分危险、关系到生命的时候才会施展出来。这时，太阳角蜥会关闭控制血流进入头部的瓣膜，使自己血压升高，血液就会从眼睛喷出，最远可喷射1.2米。这种血液是一种刺激性液体，味道难闻，能刺激敌人的眼睛、鼻子或者嘴，从而吓跑敌人。

肚皮上的警告

火腹蟾蜍是一种小型的两栖动物，喜欢生活在池塘中。它的身体和四肢是灰色的，但是腹部却有颜色鲜艳的花纹。每当受到惊吓时，它就会举起前肢，露出腹部醒目的色彩。这是在向捕食者暗示："我的皮肤有毒，吃掉我你也不会好受！"

喷射呕吐物

乌信天翁最大的安全威胁来自南极岛屿上最常见的捕食者——贼鸥。如果贼鸥降落在乌信天翁雏鸟附近，雏鸟会转动身体，始终正面面对贼鸥并发出叫声警告。当贼鸥不顾警告靠近时，雏鸟会发出最后一声叫唤，然后将嗉囊中最后一顿饭的残余物喷向贼鸥。那些残余液体的气味极其难闻，贼鸥通常是退避三舍的。

臭味液体

臭鼬一般会先用它黑白色的身体警告敌人离它远点。但是如果敌人靠得太近，臭鼬就会俯下身，竖起尾巴，用前爪踩地发出警告。当这样的警告未被理睬时，臭鼬便会转过身，向敌人喷射一种恶臭的液体。这种液体是由它尾巴旁的腺体分泌出来的，会导致被击中者短时间失明，其强烈的臭味在约800米的范围内都可以闻到。

太阳角蜥长得很古怪,它的头部长有很多角,身上还包裹着带刺的鳞片,看上去很像披着铠甲的武士。太阳角蜥斑驳的肤色和纹理让它们轻易地与地表融为一体,避免了很多危险。

制造假象

彩色的喉袋

安乐蜥是一种长着绿色皮肤的蜥蜴，喜欢在树上生活。安乐蜥也可以变换身体的颜色，但技术远远不如变色龙那样高超。一只处于求爱期的雄安乐蜥正四处寻找配偶。当它与其他雄性相遇的时候，它会将喉袋鼓起来，显现出鲜艳的颜色，告诉对手："不要胡来，否则要你好看！"

我确信，你一定说过谎话，尽管很多谎言是善意的。我们大概认为，只有人类才会撒谎。但事实上，动物也会撒谎。在残酷的自然环境中，很多动物为了战胜强大的敌人而不得不撒谎。动物撒谎一般是在身体上做文章。澳洲伞蜥生活在澳洲大陆干燥的草原上、灌木丛和树林中。它的脖子上长着一圈皮膜，撑开以后很像伞，因此得名。澳洲伞蜥能用灵活的后肢在树木间穿行，主要捕食蟑螂、面包虫和蟋蟀等昆虫。当澳洲伞蜥生气或受到威胁时，它便将"伞"打开，并张开大嘴巴，使自己看起来十分可怕。这种把戏往往让捕食者不知所措。

奔跑中的斑马群往往会让捕食者产生错觉；冠海豹用充气的气囊炫耀；安乐蜥用鲜艳的喉袋警示对手不要乱来……动物的"谎言"各有高招。

充气的大鼻子

冠海豹生活在北冰洋海域中。繁殖期一到，冠海豹便聚集在一起准备交配。雄性冠海豹的鼻子和前额上有非常大的充气囊，气囊在求爱期会鼓起来，这样，冠海豹的身体看上去要比平时大很多。气囊会呈现鲜红色，雄性之间以此进行炫耀。

阳光下的错觉

斑马身上的黑白花纹有什么用途呢？当阳光或月光照在斑马身上的时候，光会发生反射，使斑马的身体轮廓变得模糊不清，看上去比实际要庞大很多。当一群斑马奔跑时，起伏的黑白花纹让捕食者产生错觉，无法辨别出斑马个体的位置，甚至误以为它们是危险的庞然大物。

警示性的叫声

鸡宝宝刚刚出生不久，鸡妈妈正带着它们四处觅食玩耍。鸡妈妈警惕地看着周围，一旦有其他不怀好意的动物靠近，鸡妈妈便会将全身的羽毛竖起来，并发出警示性的叫声。这使它看上去很难惹，入侵者便灰溜溜地跑开了。

当澳洲伞蜥在地面上活动时,主要用后肢站立和行走,这一点有别于其他蜥蜴。奔跑时,它摆动身体和尾巴,使行动变得更快速、灵活。

合作共赢

在我们看来，合作是人类之间惯有的活动。其实很多动物之间为了生存或者一些特定的目的，也需要进行合作。动物世界中，这种友好相处、互助互利的例子是数不胜数的。生活在非洲的蜜獾和黑喉响蜜䴕（liè）是一对好伙伴，蜜獾喜欢吃蜂蜜却苦于找不到蜜源，响蜜䴕能对方圆250千米以内所有的蜂巢了如指掌，但是仅靠它微薄的力量是破不开蜂巢的。所以有着同样需求的蜜獾和响蜜䴕就达成了合作共赢协议。响蜜䴕见到蜜獾就会不停地鸣叫发出信号，蜜獾就会边回应边跟随响蜜䴕走。找到蜂巢，蜜獾会用它强有力的爪子扒开蜂窝取食蜂蜜，作为回报，蜜獾也会把蜂蜡和少量的蜂蜜留给响蜜䴕。响蜜䴕的消化系统中有许多特殊的微生物，足以消化掉那些一般动物无法消化的蜂蜡。

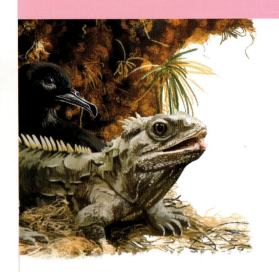

楔齿蜥和海鸥

在新西兰的岛屿上，楔齿蜥与海鸥们和平共处着，它们共同生活在铺了厚厚的树叶的山洞中。楔齿蜥在洞中产卵，而在洞的另一边，海鸥妈妈正淡定地给自己的孩子们喂食。楔齿蜥安静地蜷缩着，它从不去伤害海鸥一家。

鳄鱼和燕千鸟

凶猛的鳄鱼让动物们敬而远之，然而鳄鱼对燕千鸟却是非常温柔的。鳄鱼饱餐之后总会懒洋洋地躺在河边，张开它的大嘴，让乖巧可爱的燕千鸟为它们清理口腔。燕千鸟把鳄鱼牙缝里的肉渣和寄生虫全部吃掉，鳄鱼很喜欢这位"保健医生"的服务，燕千鸟对这种服务过程中获取的食物也非常满意。另外，燕千鸟还会在突发危险情况的时候，通过叫声向鳄鱼发出警报。

牛背鹭和水牛

牛背鹭生活在湿地中比较干的地方，常常和水牛结伴在一起，与水牛形成了一种亲密的依附关系。牛背鹭喜欢跟在水牛的身后，专门捕食被水牛惊飞的昆虫，它们也会落在水牛背上歇息，并帮助水牛捉皮毛中的寄生虫，减轻水牛的负担。当出现危险情况的时候，牛背鹭还会向水牛发出警报。

寄居蟹和海葵

对于海葵来说，最大的遗憾可能就是不能移动了，所以它们一直想要寻找一双会移动又不会对自己构成威胁的"腿"。而寄居蟹是非常不错的选择。海葵会依附在寄居蟹的螺壳上，随着寄居蟹四处走动而移动，扩大了自己的捕食范围；而对于寄居蟹来说，海葵不仅能让它看起来更强大，还能帮助杀死它的天敌，让它能够安全地生存下去。

蜜獾和响蜜䴕(liè)都觉得很饥饿,响蜜䴕一边鸣叫着一边向附近的蜂巢飞去,这只蜜獾紧紧地跟随着响蜜䴕,它们要通过合作一起获得食物。

表达情绪

人类是情感最丰富的高级动物。我们会用各种方式来表达我们的情绪：高兴时大笑，伤心时痛哭，生气时大吼，疼痛时皱眉呻吟……那么动物们有没有情绪呢？它们是如何表达情绪的呢？其实动物们与我们一样拥有各种情绪，并通过特定的方式进行表达。当大猩猩感到不高兴或者受到威胁的时候，它们通常会龇牙咧嘴地捶打自己的胸膛，好像在说："看我多么强壮和凶猛，所以千万别惹我！"当感到喜悦的时候，它们会咧开嘴微笑；当感到不满的时候，它们会摇头示意；当同伴感到沮丧时，它们会毫不吝啬自己的拥抱和亲吻。在用亲吻表示安慰时，它们会张开嘴靠近同伴的身体，通常是亲吻头顶或后背；而用拥抱表示安慰时，安慰一方一般会用单臂或双臂环抱同伴。

吠叫或摇摆尾巴

狗是我们的好朋友，你知道狗是如何表达自己情绪的吗？其实想了解它们并不难，我们通过它们的叫声和尾巴的动作就可以对它们的情绪进行判断。如果狗发出音调很高的叫声，它此时可能受到了挫折或情绪比较激动。但是它们的吠叫不一定代表攻击，它们更多的是要表达"快一点来做游戏"或"很高兴看到你"的意思。另外，狗摇晃尾巴通常表示它们很高兴，而夹紧尾巴则表示它们很紧张或者有些害怕。

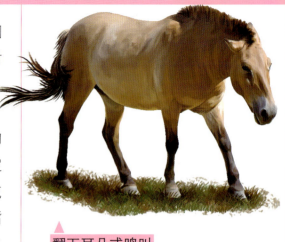

翻下耳朵或鸣叫

马的情绪是很多样化的。当它对你的行为感到生气或者讨厌的时候，它会将自己的耳朵向后翻下，露出牙齿。如果你继续招惹它，那么后果就是被它狠狠地咬上一口或者踢上一脚。当它露出自己的眼白的时候，表示它此时很兴奋或者很害怕……另外马发出的各种声音与它的情绪也是密切相关的，如长鸣表示受惊，低鸣表示友善，喷气表示不安或者兴奋等。

面对威胁

一般情况下，黑熊的性情是比较温和的，它们之所以会对人类发起攻击，多半是它们感到自己和家人的安全受到了威胁。这时，它们会用后腿着地站立起来，露出尖利的牙齿，口中发出很大的吼声，警告敌人：给你时间快点离开，否则我就要发起攻击了！如果敌人执意冒犯，那么它们很可能会成为黑熊下一餐的食物。

竖起尖刺

刺鲀常常生活在恐惧中，相对大部分海洋动物而言，刺鲀是弱者，但是它们浑身的刺却能够让它们生存更久。当敌人出现时，刺鲀吸入大量的水使身体迅速膨胀起来，同时它们身上的刺也会一根根竖起来。面对这样的刺鲀，敌人是难以下口的，如果执意要吞掉它们，那么代价就是被扎得口破血流。

大猩猩因粗鲁的外表和巨大的身体而使人畏惧。但实际上,大猩猩是一种相当温和、善良、安静的素食主义者,只有受到威胁的时候才会变得凶猛无比。

看看我的反应

我们很容易从别人的表情和动作上判断出他们的情绪和想法，但是对于大多数动物来说，它们是没有表情的。哺乳动物是动物世界中比较特殊的一类，它们的表情非常具有表现力。老虎是大型猫科动物中体型最大的一个物种，它们生活的足迹遍布亚洲各个地区。老虎是独居性动物，它们基本上奉行的是单身主义。老虎将有强烈气味的分泌物和尿液喷在树干上或灌木丛中，或用锐利的爪子在树干上抓出痕迹来标记自己的势力范围。当与竞争对手相遇时，老虎会先用自己的吼声进行警告，当这样的警告不起作用时，它们会翻转自己的耳朵，露出耳背上的白色斑点，这是一种战斗信号，表示：我已经做好准备了，如果你还不离开我就不客气了！

打开的羽冠

凤头鹦鹉的头上长着长长的漂亮的羽毛，这些羽毛的状态会随着它们情绪的变化而变化。凤头鹦鹉情绪平静的时候，它会将自己的羽冠向后落下；当它的情绪处于兴奋的状态、生气的状态或者对某件事情产生浓厚的兴趣时，它的羽冠就会完全竖起来。

做好准备了

虎猫是独居动物，喜欢生活在茂密的丛林中。虎猫长得与老虎很像，它的表情和反应也是非常丰富多样的。当它把眼睛睁得大大的时候，就是在暗示对手：别想冒犯我，我可不是好惹的！如果对手执意要侵犯它的领地，虎猫会将自己的耳朵紧紧贴在头上，并张大嘴露出锋利的牙齿，告诉对手：我已经做好准备了，我们来一决胜负吧！

用耳朵和嘴巴表示

狼与同类或者其他动物交流的方式是多种多样的。与狗一样，它们会通过各种方式来界定自己的领地；通过不同频率的叫声来表达自己的情绪；还能通过面部表情和身体姿态等方式来传达信息。比如，当狼想要攻击猎物或者敌人时，它们会竖起耳朵，露出牙齿；当要进行防御时，它们会露出牙齿并将耳朵靠后；当它们放松耳朵，闭上嘴巴的时候，表示它们态度友好；当它们闭上嘴巴并将耳朵垂下的时候，则表示它们很顺从。

老虎栖息在山林中。通常情况下，老虎会将自己领地内包括狼和熊在内的所有竞争对手全部赶走，以保证自己有充足的食物。

共同生活

人类的群居性和社会性是很强的,事实上很多动物之间出于某些特定的目的,也存在着暂时或者长期的群居行为。斑鬣狗的族群是一个永久的社会群体,并具有高度的社会结构。斑鬣狗还保留着母系结构,一个群体的成员可能有5~90只不等,但是首领无一例外必须是雌性。族群中地位最高的是雌性,其次是幼崽,而成年雄性的地位则是最低的。它们的社交行为非常复杂,经常会涉及到联盟和转移联系等。同族群的斑鬣狗很少互相打斗致对手重伤,它们之间的矛盾都会以最快的速度解决。大叫或者用牙齿轻微地咬对方已经足够解决问题,但是如果局面失控,高一阶级的斑鬣狗就会出面加以干涉。所以即使是互不相识的斑鬣狗,也很少会出现打斗甚至杀死同类的情况。

集体繁殖

鹈鹕非常喜欢群居生活,就连它们繁殖的时候,也是成群结队的。雄鹈鹕们向雌鹈鹕求爱的时候,会时而蹲伏在自己的领地上,时而在空中跳起"8"字舞,嘴巴上下相互撞击,发出急促的响声,同时脑袋以奇特的方式不停摇晃,希望借此得到雌鹈鹕的欣赏。

责任重大

与斑鬣狗相反,大猩猩的群体一般是以一头雄兽为中心,由数头雌兽和幼崽组成。一个大猩猩族群平均由10~15头成员组成,领头的雄兽有解决族群内部冲突、决定族群的行止和行动方向以及保障族群安全等任务。族群首领通常由竞争产生,当首领死亡后,这个族群很可能会分裂,成员们会另谋出路。

集体防御

别看海象长相粗犷,若碰上了北极熊和虎鲸,它们也只有拼死一搏,争取活命的机会。北极熊能用巨大的熊掌轻易地击碎海象的脑壳,而虎鲸们的围追堵截更是让海象们陷入巨大的危险中。这个时候,海象们会聚在一起,实行集体防御,奋起反抗。这种反抗能保证大部分海象存活下来,个别的牺牲还是必然的。

高智商群体

通常以家庭为单位的狼群会由一对占有优势的伴侣来统领,而以兄弟姐妹为一个群体的则由本领最强的狼来领导。狼群之间会通过嗥叫声宣告领域范围。狼的智商很高,它们会通过叫声和气味沟通,集体捕猎。

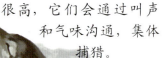

斑鬣狗族群的生活总是围绕在巢穴附近，并且只有幼崽可以和母亲一起生活。这两只小斑鬣狗老老实实地与妈妈待在巢穴里，它们的妈妈偶尔会与它们互相舔舐，表达亲昵。但是这种情况在它们长大之后就不会再出现了。

小心！我有毒

不论是植物还是动物，拥有鲜艳的颜色总是让人羡慕的。但是你知道吗？在动物世界中，大多数颜色鲜艳夺目的动物都是有毒的，虽然这些毒素不一定是针对人类的。很多动物利用鲜艳的颜色来保护自己，借以警告图谋不轨的动物们：看看我的颜色，我是有毒的，吃掉我对你没有任何好处！箭毒蛙是世界上最美丽的青蛙，同时也是毒性最强的物种之一。它们的体形很小，通常在1.5～6厘米之间，通身色彩明亮鲜艳。这种警戒色让箭毒蛙不需要躲避敌人，因为任何攻击者都不敢接近它们。印第安人用锋利的针将箭毒蛙刺死，取出毒汁，涂抹在弓箭的箭头上和标枪上。通常一只箭毒蛙的毒液可以涂抹五十支箭头和镖，被这样的箭射中的猎物会立即死亡。

正当防卫

中美珊瑚蛇的躯体上大多具有红色环纹等鲜明的色彩，非常漂亮。在美国，珊瑚蛇的毒素对人类的威胁仅次于响尾蛇。但事实上，珊瑚蛇伤人夺命的事件是少之又少的。这是因为珊瑚蛇多分布于人烟稀少的地区，且不接近人类。当与人类正面接触时，它们多选择逃逸，迫不得已的情况下才会咬人自卫。

自卫反击

大部分鲉（yóu）都拥有非常鲜艳的颜色，且身上长有带毒的鳍棘，人被刺到后，会感到非常疼痛。它们鲜艳的颜色和有毒的鳍棘都具有自卫保护作用。它们不会主动去伤害其他动物或者人类，但是当受到威胁的时候，它们也会毫不客气地反击。

小心有刺

魟（hóng）鱼的性情很温和，没有攻击性，但是不代表魟鱼没有自卫反击的本领。它们的尾柄上有1～3根毒刺，不要小看这为数不多的毒刺，如果不小心被它刺到，轻则红肿发热，重则丧命。但是有趣的是，魟鱼的毒液在室温下放置4～18小时或冷冻干燥后，毒性就几乎没有了。

气味保命

别看七星瓢虫体形小，它可是对农业最有益的昆虫。七星瓢虫有很强的自卫能力，许多强劲的敌人都拿它们没有办法，这是为什么呢？原来，当它们遇袭时，腿的关节处能分泌出一种难闻的黄色液体，敌人们太讨厌这种难闻的气味了，并认为那是有毒的，所以都对它们敬而远之。但其实，七星瓢虫是没有毒的，只是气味欺骗了它的敌人。

看！箭毒蛙昂首挺胸，好像在炫耀自己的美丽，又好像在警告企图来侵犯的敌人。箭毒蛙的毒性是很强的，最毒的箭毒蛙，一只蛙体内的毒素可以杀死10个成年人，这个数字是相当惊人的。

顺从与示好

温柔的示好

三趾鸥夫妇生活在悬崖上。当夫妇中的一个外出觅食返回鸟巢时，为了避免遭到伴侣的错误攻击，它必须通过叽叽喳喳的叫声或者鞠躬的方式来暗示。悬崖边是非常危险的，所以三趾鸥夫妇在交换信号的时候总是非常温柔，以防伤害到它们的孩子。

安抚情绪

憨厚可爱的海狮也是有脾气的，尤其是在捕食区，占统治地位的雄海狮很容易变得烦躁易怒。每当雄海狮想要打架的时候，雌海狮就会用自己的胡须抚慰雄海狮的身体，以安抚雄海狮的情绪，避免打架带来伤害。

逞凶斗狠从来都不是最明智的选择，不论是对动物还是对人类而言，适时的表示顺从和示弱才有可能收获更多。很大一部分猴子是喜欢群居在一起的，但是群猴不能无首，它们需要一位强壮勇猛的领导者来保证族群的秩序和安全，它就是猴王。生活在中南美洲的猴群很有意思，当一只公猴在取得猴王的地位后，就不想再打斗了。这时，如果有其他独身的公猴来挑战，为了避免正面冲突有可能带来的伤害，猴王会迅速抢过母猴怀中的幼猴，抱在自己怀中亲昵。来挑战的公猴怕打斗起来伤到幼猴，一般都会扫兴而归。猴王通过这种看起来懦弱的方式将一场战争消弭于无形，但是这无疑是最明智最有效的处理方法。猴王不但保住了自己的地位，还维护了族群的稳定。这种方法在猴王老了之后就不再起作用，它必须接受独身公猴的挑战了。

绝对顺从

驴的牙齿很锋利，四只蹄子也非常有力。因此，为了避免伤害到自己的同伴，它们在自己的群体里是很少打斗的。驴群里也有长幼尊卑之分，如果年长的驴心情不好，它们通常会竖起自己的耳朵并露出自己的牙齿。这时，年幼的驴最聪明的做法就是耷拉下耳朵，并低下头表示绝对的顺从，以防年长的驴发脾气误伤自己。

摆手示弱

鬃狮蜥的脾气很好，但是这并不代表它们之间不分强弱。通常，鬃狮蜥之间会通过摆手来表示友好和示弱。它们将一条前腿抬离地面，然后缓慢地上下摆动或像画圈一样摆动。越是弱者就越经常使用这种动作来示弱，以保护自己不被强者伤害。

当猴王抱着幼猴面对挑战者的时候,它通常只表达一个意思:我不想打架。这让挑战者感到很是无可奈何。但是当这个挑战者有一天登上猴王的宝座,面对其他公猴的挑战时,它们也会如法炮制。

享受相聚时刻

特殊时期

海象非常享受它们的群居生活，但是这种和谐的群居生活在繁殖期时则不复存在。雄海象在繁殖期要保证自己的伴侣和孩子的安全，当有其他的雄海象意图侵犯它的领地时，它会怒吼或者与之打斗。但是当繁殖期过去，雄海象们的友谊就恢复如前，亲如一家。

亲密关系

哀鸽也喜欢群居，但是到了繁殖期，哀鸽伴侣通常在外独居，享受着让人羡慕的"二人世界"。这两只哀鸽刚刚接受了对方，不过它们还需要时间来熟悉彼此。稍微熟悉一些后，它们会用尖尖的嘴为对方梳理羽毛，让彼此的感情更加亲密。

野生动物没有经过人工驯养，所以大多具有野性和一定的危险性。野生动物的思维不如人类发达，它们拥有的是充分保证自己安全的生存本能。有些动物喜欢独居，有些动物即使过着群居生活，也会尽量保留自己的私人空间。因为对于它们来说，即使是曾经的亲密伴侣，也有可能会伤害自己，抢夺自己的食物，或者将疾病传染给自己。但是当一些特殊时期到来的时候，比如到了繁殖期，它们就会放开政策，发出信号，吸引异性靠近自己，共同繁殖下一代。雪豹们就一直秉承着这个原则，它们平时非常喜欢独来独往——独自享受食物的时光总是很惬意的。这种习惯会在它们到了发情期的时候有所改变，雄性雪豹们会使用各种手段来展现它们的力量和魅力，吸引雌雪豹与它们交配并共同生活一段时间，然后再恢复单身生活。

短暂相伴

"一山不容二虎"，这是有道理的。老虎是独居动物，它们只在下面这些特殊情况下才会生活在一起。当它们到发情期的时候，雄虎和雌虎会短暂地相伴在一起；雌虎在自己的孩子还未成年的时候，会与它们一起生活，带领它们捕食猎物；另外，几个同胞的兄弟姐妹成年后刚刚离开母亲时，是会短暂地生活在一起的，直到它们不得不各奔东西。

组成家庭群

繁殖期的雄海豹之间很容易因为争夺和雌海豹的交配权而产生大的争斗。因此在这个时期，海豹们是不集群的。等雌海豹们产下幼崽时，它们会组成家庭群，这个家庭群会一直维持到哺乳期结束。这时冰面已经开始融化，小海豹们必须开始独立在水中生活了。

每年冬末1~3月是雪豹的发情期,相互有好感的雄雪豹和雌雪豹会短暂地相聚。在这期间它们会形影不离地生活在一起,非常亲昵。

照顾和看护

照顾孩子的妈妈

繁殖期的雌燕鸥因为孕育生命而导致身体笨重,无法自行捕食,它只能在饥饿的时候向雄燕鸥发出信号索要食物。雄燕鸥收到信号后,会毫无怨言地马上外出为自己的伴侣觅食。

动物的感情没有人类那么复杂,但也是非常爱自己的孩子的,虽然它们与孩子之间的沟通多是出于本能。有些动物宝宝独立得很晚,动物妈妈就要不辞辛苦地悉心照料,直到它们可以独立生活。小袋鼠就是让妈妈很操心的孩子。小袋鼠只在妈妈的肚子里待了30~40天就出生了,出生时非常小,所以它会马上进到妈妈的育儿袋里。小袋鼠4、5个月的时候很调皮,袋鼠妈妈只好不厌其烦地看护它。再过几个月,妈妈的育儿袋就再也装不下它了,它只好离开温暖的育儿袋,但是它仍然会活动在妈妈的附近,以便随时得到妈妈的保护。这时的小袋鼠虽然已经学习了简单的生存技能,但是它在感到饥饿的时候,还是会把头伸到育儿袋里,靠吮吸妈妈的奶水过日子。每一只小袋鼠都要经过三到四年才能发育成熟。

懒妈妈和懒宝宝

树懒可以称得上是世界上最懒的动物了,它每天喜欢一动不动地挂在树上。它什么都懒得做,甚至懒得吃东西,懒得玩耍。但是在面对自己的孩子的时候,它算得上是不辞辛苦了。小树懒甚至比妈妈还要懒一些,它每天都紧紧地趴在妈妈的胸前,完全依赖妈妈生活。

紧紧跟随

负鼠宝宝刚出生时被妈妈放在自己的育儿袋里抚养,可是当宝宝们渐渐长大的时候,育儿袋已经不能装下它们,它们就会紧紧地贴在妈妈的肚皮上。绵毛负鼠妈妈性情很温和,但是如果有敌人想伤害它的宝宝,它就会用自己锋利的牙齿和爪子奋起反击,保护自己的宝宝们。

形影不离

大食蚁兽会在每年春天的时候生宝宝,每一胎只生一个宝宝。大食蚁兽妈妈非常疼爱自己的宝宝,它会不辞辛苦地将宝宝背在背上,形影不离,最大程度地避免其他的动物伤害宝宝。这样精心的照料会持续很长时间,直到食蚁兽妈妈再一次怀孕为止。

妈妈的育儿袋已经无法装下这只小袋鼠了，但是它还没有能力离开妈妈独自生活。现在，它觉得有点饿，于是它就把头伸到妈妈的育儿袋里，吮吸香甜的奶水来填饱肚子。

我是向导

黑脉金斑蝶

黑脉金斑蝶俗称帝王蝶，是地球上唯一的迁徙性蝴蝶。在北美洲，黑脉金斑蝶会于8月开始向南迁徙，然后春天时再向北回归，雌蝶会在迁徙时产卵。但是迁徙回到美国及加拿大原住地的黑脉金斑蝶已经是第二、第三或第四代了。这种迁徙本能似乎是通过生理遗传给后代的，所以黑脉金斑蝶的后代仍能回到相同的过冬地点。

大雁是非常出色的旅行家，它们每年秋天都会辗转几千千米，从西伯利亚飞到我国南方越冬。第二年春天，再飞回西伯利亚繁殖产卵。数千千米的距离，大雁是如何准确无误地找到路线到达目的地的呢？其实，雁群迁徙的时候，队伍组织是十分严密的。它们通常会排成整齐的"人"字形或"一"字形飞行，飞在队伍最前面的一般是雁群中最有经验的大雁，它是整个雁群的队长和向导。飞行途中，它们会不断地发出"嘎嘎"的叫声，这种叫声是一种信号，提醒雁群成员之间相互照顾、呼唤、起飞或者停歇休整。另外，大雁的队形可以让队伍在飞行时更加轻松。飞在最前面的大雁拍打几下翅膀，就会产生一股上升气流，这时后面的大雁紧紧跟随，就可以利用这股气流，飞得更快、更省力。

臭迹标识

当我们领狗狗外出时，经常能看到它们不断在路上或者电线杆旁小便、大便。这并不代表狗狗们不讲卫生，它们只是在做标记，防止自己迷路。它们利用肛门腺使自己的粪便带有一种特殊的气味，只要嗅着这种气味就能找到正确的路线。

跟随雌性

驯鹿每年会进行一次长达数百千米的迁徙。每年春天来到的时候，驯鹿群会离开自己越冬的亚北极地区的草原向北出发。这群迁徙的驯鹿总是由雌鹿打头，雄鹿紧紧跟随，队伍井然有序。驯鹿群沿途会边走边吃，日夜兼程，并脱掉厚厚的皮毛，换上新的薄薄的皮毛。而它们脱下的绒毛掉在地上，正好形成了迁徙的路标。

循着气味回家

木蚁多居住在潮湿的地方，它们非常喜欢挖掘已经被水破坏了的树木。木蚁群要依靠家族里的工蚁外出觅食，如何在觅食后找到回巢的路成为每只工蚁要面对的问题。庆幸的是，工蚁们能在外出的路途中留下一种特殊的气味，同一族群的工蚁们都对这种气味非常熟悉，只要循着这种气味走，就可以安全地回巢了。

冬天就要来了，这个雁群为了生存不得不离开家乡迁徙到温暖的南方去。领头的大雁已经对整条迁徙路线非常熟悉了，这次迁徙还是由它来领队。

识别宝宝

人类的宝宝在刚一出生的时候就能与其他的宝宝区分开来,这是因为每个人的相貌在出生时就是完全不同的。但是在我们看来,同一类野生动物的宝宝们长相却都是差不多的。那么动物妈妈们是如何在众多同类宝宝中准确地找到自己宝宝的呢?原来,动物妈妈们通常靠相貌、气味或者叫声等方式来分辨自己的孩子。斑马妈妈在经过11~13个月的孕育后顺利产下一个斑马宝宝。与人类一样,每个斑马宝宝的"长相"也是不同的。斑马宝宝还在妈妈肚子里的时候,一种固定的、间隔相同的条纹就已经在斑马宝宝的身上形成了。以后在胚胎发育的过程中,由于身体各部位发育的情况不同,导致幼崽出生后,各部位所形成的条纹也就宽窄不一了。斑马妈妈主要就是靠宝宝身上特殊的花纹来识别自己的宝宝的。

粗心的妈妈

苇莺一时疏忽,让大杜鹃在自己的巢里产了卵。大杜鹃经常做这样的事情,让苇莺孵化并喂养它的孩子。大杜鹃的孵化期要比苇莺短,杜鹃雏鸟体格更强壮,它刚一破壳,就本能地将巢中的苇莺的卵及雏鸟推出巢外。苇莺对这些并不知情,它无法将自己的孩子和大杜鹃雏鸟区分开,所以它会将所有的精力都花在照顾大杜鹃雏鸟身上。

分辨叫声

小麻雀和妈妈走散了,这时它需要先保证自己的安全,然后呼叫妈妈。小麻雀会每隔一小会儿就发出叽叽喳喳的叫声,告诉妈妈自己的位置。麻雀妈妈能通过小麻雀的叫声分辨它是不是自己的孩子,然后找到它,将它带回家。

斩草除根

狮子们喜欢群居在一起,它们的头领是一只强壮勇猛的雄狮。小狮子宝宝在族群中享受着妈妈和阿姨们精心的照顾,但是这种幸福生活在年轻力壮的雄狮到来的时候戛然而止。年轻的雄狮来挑战狮群的头领,很不幸,头领失败了。接下来,新头领就会开始清理狮群,杀死不属于自己的孩子。

对的味道

与其他动物一样,绵羊妈妈也需要避免与绵羊宝宝走散,并且能从众多的小羊中分辨出自己的孩子。对于绵羊来说,声音和气味是辨识过程中非常重要的两个方面。绵羊妈妈会不断地呼唤小羊,小羊也会不断地发出声音回应。另外它们还会用鼻子嗅对方的气味来进行辨认。

这只斑马宝宝紧紧地跟随着妈妈,它刚出生不久,对这片草原还非常陌生。即使是这样,它们一点也不担心会不小心走散,小斑马可以通过花纹找到妈妈。

向同伴报警

很多动物喜欢群居在一起。群居生活不但能为野生动物们带来食物和繁衍上的便利,还能最大限度地保证群体成员的安全。当遭遇外来威胁的时候,野生动物们会通过各种方式向自己的同伴们发出警报,通知它们快些逃跑。生活在非洲大草原上的长颈鹿家族很少通过语言相互交流,并不是因为它们没有声带,而是它们特殊的身体结构,让它们的发声变得很费力气。所以长颈鹿的报警方式是不同于其他动物的,它们不会发出尖叫声来通知同伴。长颈鹿的身高优势能让它们尽早发现远处潜在的危险,这时,它们会突然开始一阵猛烈的惊跑,这样的行为很突然,但是足以引起族群成员的注意。接收到危险信号的长颈鹿家族会在危险到来之前迅速撤离。

敲击和摆尾

野兔的尾巴短而粗,并且不论是什么颜色的野兔,它们的尾巴通常都是白色的。野兔在平时休息的时候,白色的短尾巴会被很好地隐藏起来。但是当感觉到危险的时候,它们会先用长长的后腿猛烈地敲击地面,然后迅速逃跑。在逃跑的过程中,它们会不断摆动自己白色的尾巴。其他的野兔听到敲击声和看到同伴摆动的尾巴,就知道自己该逃跑了。

大声地嘶叫

斑马的视觉很好,它们的眼睛和其他马类一样,可以同时看见远处的东西和近处的东西。它们的听觉也很敏锐,通常在进食的时候也会警惕地竖起耳朵,防止突然到来的袭击。斑马们在觅食的时候会由群体成员轮流担任警戒任务,一旦有危险便发出长嘶的警告信号,群体会立即停止进食,迅速逃跑。

卷卷尾巴

别看野猪凶猛,它们也需要成群生活在一起来防御天敌的进攻。对于野猪们来说,族群成员之间最行之有效的报警方式并不是它们特有的嚎叫,而是通过尾巴动作的变化来进行判断。在平时,野猪们总是把自己的尾巴悠闲地甩来甩去,但是一旦遇到危险,它们就会把尾巴竖起,并在尾尖上打一个小卷,向同伴通报:这里有危险,快跑!

这只长颈鹿发现远处有几个鬼鬼祟祟的身影,警觉的它马上猛烈地奔跑起来,其他长颈鹿接收到了危险信号,也准备跟随它一起逃跑。对于它们来说,安全才是最重要的。

特殊的信号

求婚与逃婚

蝴蝶在交尾之前，需要经过一个求婚过程。一只栖息在叶子上的雌蝶，如果是已经交尾过的，当雄蝶求婚时，它就平展四翅并将腹部高高翘起，绝不起飞，这就表示雌蝶不接受交尾。有时，一只不需要交尾的雌蝶在空中飞翔时，可能遇到好几只雄蝶追逐求爱，雌蝶会与它们绕圈飞舞，一起上升到高空，然后雌蝶突然拢翅而下，急速降落。这是雌蝶的"逃婚本能"，这种本能可以使雌蝶顺利脱身。

动物之间传递信号的方式是多种多样的，最常见的是通过叫声传递特定的信息。但是有些动物是不会发声的，还有一些动物发出的信号是不需要通过声音来传递的，那么它们是如何准确表达自己想法的呢？萤火虫是一种既美丽又神秘的小昆虫，漫天飞舞的萤火虫都是雄性的，而雌萤火虫是不会飞的，但是它们发出的荧光比雄萤火虫更明亮一些。我们在夏天夜里所看见的闪闪发光飞舞的流萤，其实是雄萤火虫在寻找雌萤火虫，雄萤火虫发出荧光是有规律的，每隔一段时间发出一次信号，然后耐心等待雌萤火虫的一次强光回应。在这个时候，如果雌萤火虫发现了雄萤火虫发出的信号，就会马上爬上草茎，发出荧光回应。经过几次对光传达信息之后，雄萤火虫就会飞下来与雌萤火虫交配。交尾结束后，它们会同时将光减弱，回到草丛中去。不久，雌萤火虫就会产下数百颗能发出微弱荧光的卵。

安全密信

你知道吗？鹿是会写信的。鹿的眼睛旁也长着一种能分泌强烈气味的腺体，它可以靠这种腺体来向同伴们传达信息。它会用脸在沿途路过的树干上来回蹭几下，一封特殊的"密信"就写好了。它通过这封密信告诉同伴们：这条路很安全，放心地走吧！

宣布所有权

雄鼯鼠的占有欲是非常强的。它们的额头上长有特殊的气味分泌腺，每当到了发情期，雄鼯鼠会寻找心仪的雌鼯鼠交配繁殖下一代。这时，雄鼯鼠会用自己的气味在雌鼯鼠身上留下记号，以警告其他雄鼯鼠：它已经嫁给我了，不要再打它的主意！

绅士地求婚

雄信天翁在向心仪的对象求婚时，会先"咕咕"地唱一首情歌，然后再非常绅士地鞠躬致意，有时还喜欢把自己的喙伸向空中，展示身体优美的曲线。

成群的雄萤火虫低低地飞行,仔细寻找着愿意与它们结为伴侣的雌萤火虫。这只雌萤火虫努力爬上了草尖,并让自己发出的荧光更亮一些,静静地等待雄萤火虫到来。

编写人员：张耀明　王迎春　孟宪生　康翠苹　牛文娟　崔　颖　丁　雪　王　宇（排名不分先后）

美术设计：马玉玲　王　雯　李红梅　冯允亮　韩晓艳　王晓楠　刘建玲　陈国锐（排名不分先后）